主　编 —— 袁岚峰
执行主编 —— 张周项

改变世界的种子

姚季伦 —— 著
大　鱼 —— 绘

CTS K 湖南科学技术出版社 · 长沙

推荐序

亲爱的孩子们，当我翻开《我是未来科学家》这套书时，我仿佛看到了科学的无限可能，也看到了你们充满好奇和渴望知识的眼睛。科学，是一场永无止境的探险。小时候在乡村的生活，让我受到了大自然的熏陶和感染，对科学好奇的种子或许那时就已经萌发。然而，我的科学之旅，可以说是一本《化石》杂志开启的。那是我在高中时期，一次偶然的机会，班主任为我们订阅了这本杂志，它让我第一次近距离接触到地球与生命科学的世界。在科研的道路上，我经历了不少的挑战与困难，但我始终保持着那份对科学的好奇与热爱。

在 21 世纪的今天，科学的发展日新月异，科学不仅仅是实验室里的研究，它更是推动社会进步、改善人类生活的强大力量。前沿科学代表着科技发展的最先进部分，是推动社会进步和持续发展的重要力量。普及前沿科学，对于提高公众的科学素质、培养孩子的科学精神和创新意识具有重要意义。它不仅能够拓宽你们的科学视野，还能够激发你们对未知世界的探索欲望，为未来的科技创新储备人才。

这套书，就像是一扇通往科学世界的窗户，让你们能够窥见前沿科技的魅力。在《我是未来科学家》中，10位专家为孩子们呈现了人工智能、生命科学、能源开发、量子科技、虚拟世界、太空探索等10个领域的最新技术及原理、实际应用以及改变世界的力量，讲述了科学家奋斗的艰辛历程。这套书不仅展示了科技的巨大潜力，也为我们指明了未来发展和前进的方向。孩子们将在书中感受到，科学并非遥不可及，而是就在我们的生活中，只要我们用心去发现，就能找到它的踪迹，激励我们去追寻那些尚未被揭示的科学奥秘，去挑战那些看似不可能的问题。

孩子们，你们是科学的未来，是国家的希望。期待你们在阅读这套书的过程中，能够感受到科学的魅力，激发起对科学的热爱和追求。希望你们保持对科学的好奇心，勇于挑战未知，成为未来的科学家和创造者。

最后，我要感谢这套书的编创团队，他们用生动的语言和精彩的故事，为大家描绘了一个充满奇幻和奥秘的科学世界。我相信，在这套书的陪伴下，你们一定能够放飞科学的梦想，探索未知、创造未来！

中国科学院 周忠和

小朋友，你喜欢出去旅行吗？

植物种子也会旅行，而且它们是一边“睡觉”一边旅行。许多地方的冬天因为阳光较弱，天寒地冻，甚至缺水、干燥，很不适宜多数植物的生长。

为了自我保护，这些种子一睡就是一个甚至几个冬天，直到春风再次为这片大地铺上一层绿毯，它们才会悠悠醒来。

在长长的休眠期间，有些种子却仍然在“行走”，最终到达了他们梦想中的家园。

你知道它们是怎么到达的吗？

蒲公英的种子是借用风力传播的典型，种子上有白色冠毛结成的绒球，与爸爸妈妈在公园里给小朋友买的氢气球相似，花开后随风飘到其他地方开疆拓土。类似的植物还有黑板树和昭和草等。

有些植物种子选择随波逐流，例如椰子、睡莲等。

它们生长在溪边、河边、湖边、塘边、池边和海边。当种子成熟后，似乎不经意地掉进水里，随水流、波浪、洋流漂向了生命的应许之地。

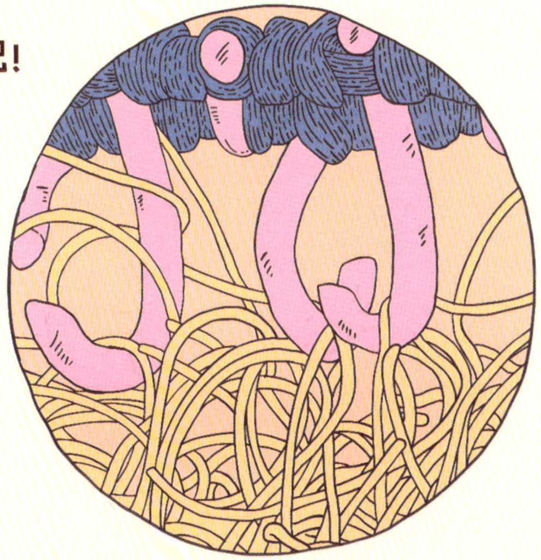

还有些植物种子能够搭乘动物的“便车”旅行。

小朋友衣服上有被苍耳钩住过吗？

鬼针草、雀榕、车前草等植物就喜欢黏附在其他动物的身上，实现远距离传播种子的目的。

有的植物搭乘名副其实的“便车”到处游弋。比如樱桃、野葡萄和野山参等植物。它们的种子拥有坚硬的外壳，当小鸟或其他动物被果实的香味吸引并把果实吞下后，种子因没法被消化，随粪便排出，从而被传播到四面八方。

有些植物种子是被植物自己弹出去的。

比如油菜、芥菜、大豆、绿豆、酢浆草、凤仙花等。它们的果实心皮富含纤维，呈弓形生长，相互间形成压力，像绷得紧紧的弹簧。

一旦有人或者动物触碰，这些果实就像弹弓一样弹射抛出种子。它们的种子一代一代以圆圈状不断向外扩张，让家族的生命逐步向远方延伸。

自己弹种子的植物

跟它们比起来，野燕麦等植物种子就更厉害了，能够自己“爬”进土中，这叫自体传播，是一项种族天赋。

人类对种子的传播也功不可没。

比如柚子、橘子等水果，凭借其营养丰富的果实被人类卖到许多地方。当果肉被食用后，种子往往被当作垃圾丢弃，但这些种子照样可以茁壮成长，实现种子的传播。

人类还进行有目的的引种活动。

比如宋朝时期，从安南（今越南）引进了占城稻，从高丽（今朝鲜）引进了黄粒稻。至明朝，又从安南引进了红薯。

当不同的种子以各自的方式来到新家后，一般还会先休息一段时间。

当和煦的春风、明媚的阳光和温润的雨水来临时，许多植物感知到世界的变化，就知道是时候开始自己新的生命历程了。

于是种子就开始吸收水分，利用种子妈妈留下的营养物质，经历一系列生理活动和形态变化——生根、发芽。

当子叶破土而出，种子就开启了生命周期的第一个阶段：萌发。

当幼苗能够利用根系吸收土壤中的养分，同时利用叶子吸收来自太阳的光子，独自制造营养物质时，根系、叶片会快速生长，茎转变成杆、枝条，最终形成健壮的植株，这标志着植物完成了它们生命周期的第二个阶段：成长。

随后植株开始进入花芽分化的阶段，花芽逐步绽放成为花朵，雄花和雌花盛开。

花朵中的花粉在其他传播媒介的帮助下传粉受精，新的种子开始孕育，植物就进入了生命周期的第三个关键阶段：生殖。

最后，当花朵发育形成含有种子的缤纷果实，种子就完全成熟了。

植物也完成了生命周期的最后一个阶段：结果！这也预示着一个完整的生命周期圆满结束。

而下一代种子又踏上新的旅程，生生不息。

种子千差万别，进入泥土后，它们逐渐成长，慢慢形成高低不同、形状各异、绚丽多姿的植物世界。

植物世界为什么会如此丰富多彩呢？

因为种子里有个从爹妈那里传下来的“小本本”，记载着生命的信息。植物是高还是矮？叶子是大还是小？果实好吃还是不好吃？统统都是由这个“小本本”决定的。

这个小本本就叫基因，它储存着植物类型、生长、繁衍、凋亡等过程的全部信息。

正是有了基因，植物生命才能够多姿多彩，适应各种不同的环境。

基因就像通过“小棍”连在一起的两个螺旋，这种结构被称为双螺旋结构，是在 1953 年被美国的詹姆斯 · 沃森和英国的弗朗西斯 · 克里克发现的。

那些连接两个螺旋的小棍就像是植物生产的“说明书”，指导植物细胞生产各种蛋白质，从而实现生命的各种功能。

基因是如何工作的呢？

这个双螺旋中间连接的小棍是一一对应的，当需要时两条链会拆开，然后细胞给每条链配上一条新链和它上面的小棍，这样就得到了两条与之前一样的双链。

但在复制过程中有可能出现错误，这样得到的新双链跟旧双链相比，就有了变化。

所以，基因这个“小本本”首先需要能忠实地复制自己，以保持生物的基本特征相似。

我们才会种瓜得瓜，种豆得豆。

其次，基因从植物爹妈传给植物宝宝时也能够产生变化，会有一母生九子，连母十个样的情况。

因为基因能够复制自己，所以许多古老的植物，在生态环境变化不大的情况下，可以延续其性状。

水杉就是这样的“活化石”，能历经一亿年而不改容颜。

有些植物的种子跑到很遥远的、生态环境大不同的地方，它们就主动或被动地产生变异，以适应新的环境。

能够适应新环境的变异种就被保留下来，形成新物种；不能适应的就被淘汰。这种优胜劣汰就是植物进化的历程，由此创造出许多新植物。

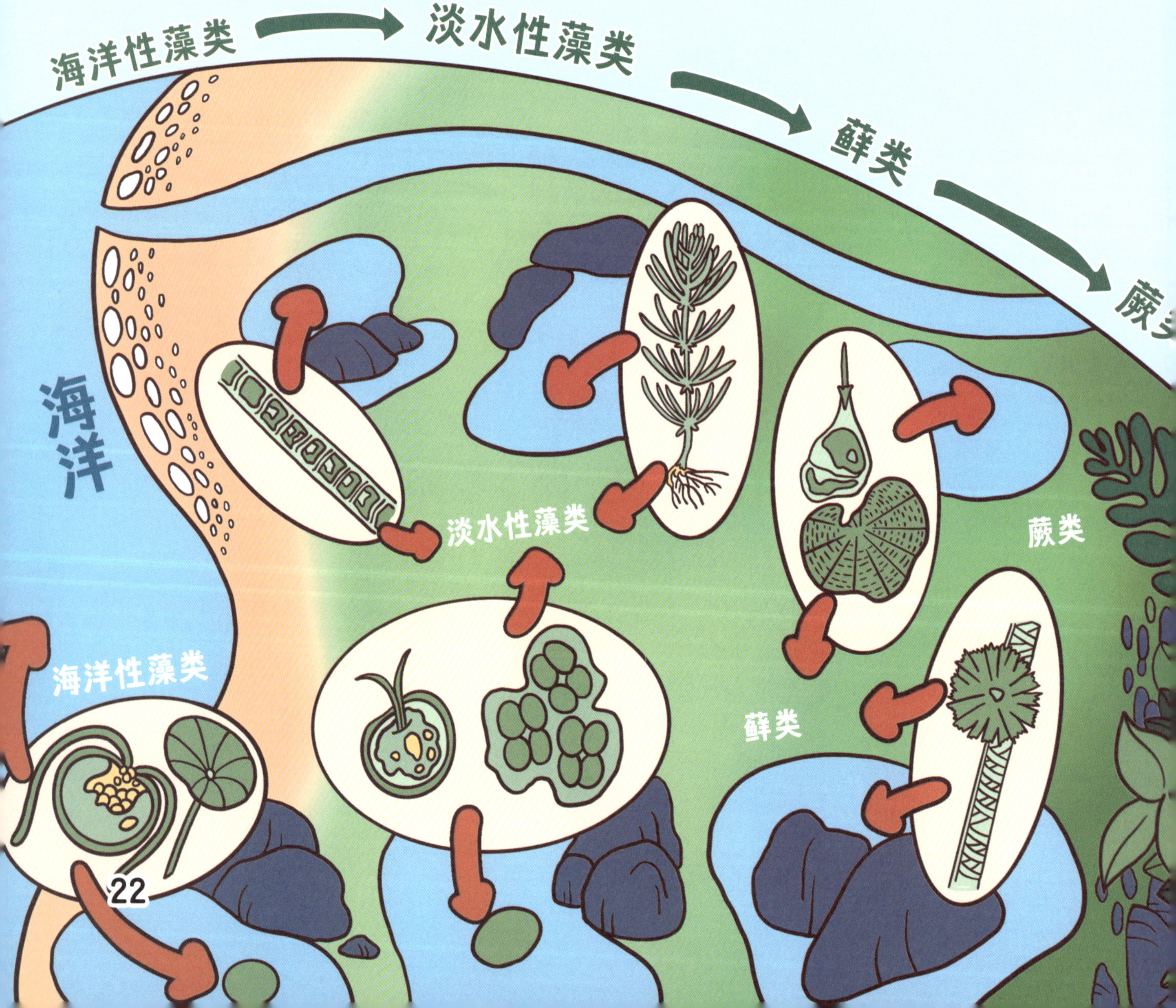

植物是怎么出现的呢?

植物是由细胞分裂形成的。最初，地球上只有海洋，那时只有蓝藻和细菌，它们没有细胞结构。蓝藻数量极多，繁殖很快，慢慢发展出了细胞核，形成了多细胞藻类植物。随后，水中的藻类向陆地找寻栖身之所，发生变异且适合湿地或者较潮湿的陆地环境的藻类就会生存下来，逐渐演变为苔藓。苔藓植物没有真正的根、茎和完善的叶。

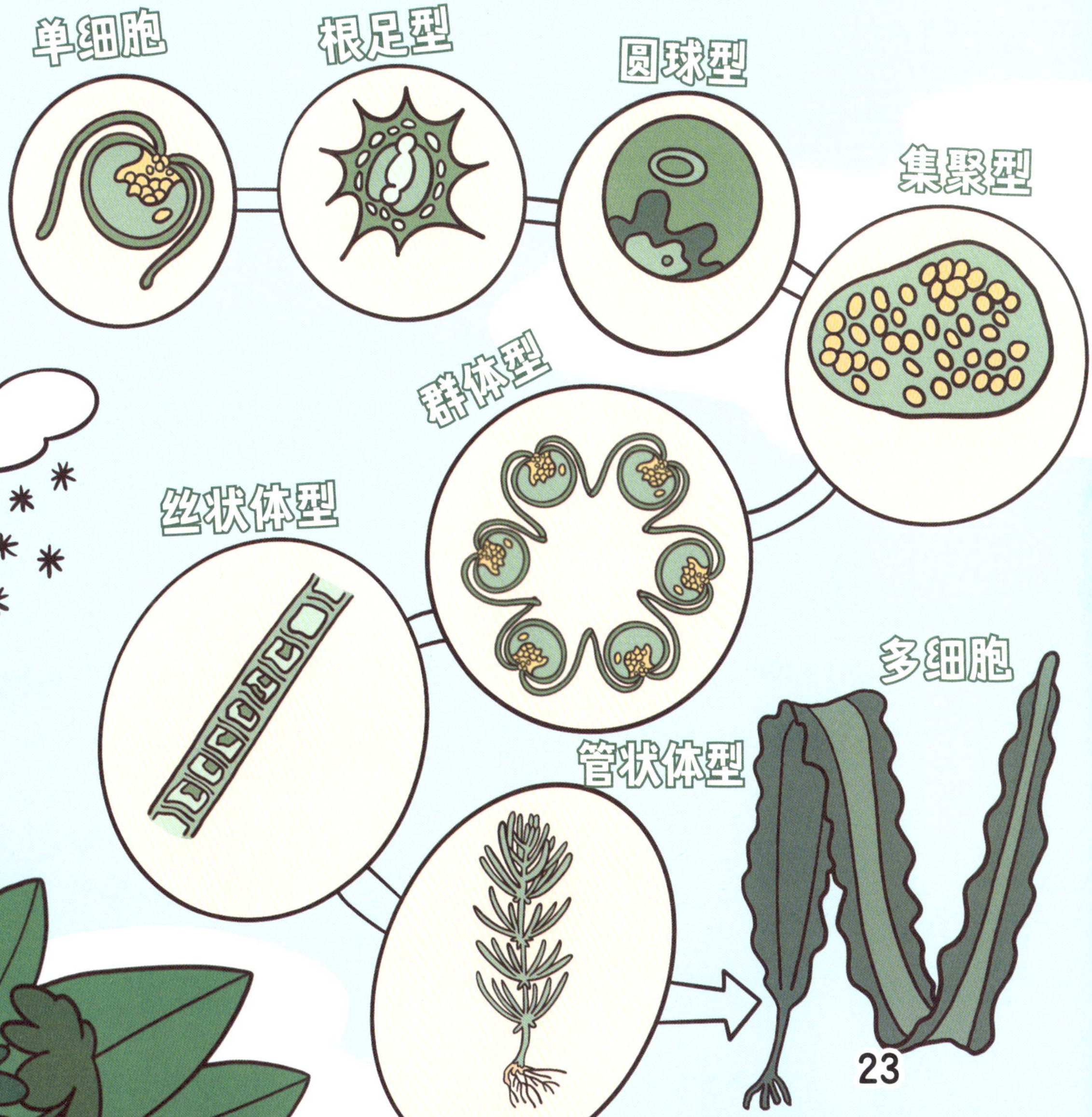

随着地壳运动，陆地抬升，为了适应陆地的干旱环境，苔藓就演变成蕨类。

蕨类植物有了维管系统，有茎、叶的分化和真正的根。

维管系统能够运输水分和矿物质，就像人的血管一样，能把我们人体需要的物质运送到每一个需要的地方。

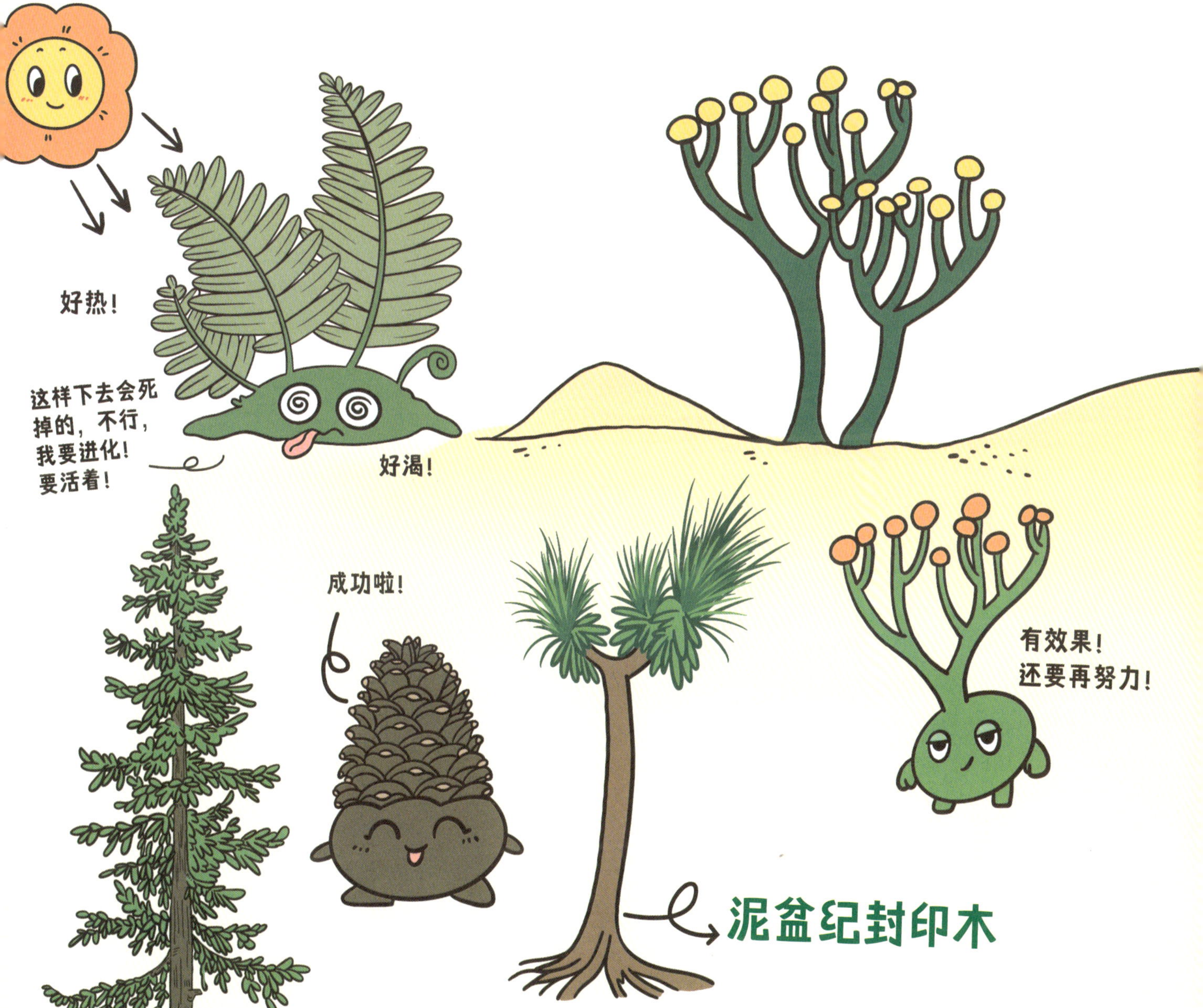

在泥盆纪，随着气候变得越来越干燥，只能适应潮湿温暖环境的蕨类植物种类逐渐消亡，而部分蕨类植物演变成裸子植物。

裸子植物包括松树、柏树、杉树等，是地球上最早通过种子进行有性繁殖的植物，但是这些植物没有花或果实。

裸子植物的胚珠裸生于开放的心皮上，在种子成熟的过程中容易受自然界的伤害，就逐步演变成胚珠由心皮卷曲包被的被子植物。

随着植物的不断进化，它们演化出了多种特征，包括颜色、高矮、产量等。这些特征是多种基因和性别基因共同作用的结果。

性别基因作为最能推动植物演变的因素之一，与其他基因共同塑造了我们今天见到的千姿百态的植物世界。

由此可见，种子是植物世界发展的源头。

在种子的努力下，植物和动物（包括人类）共同生活在这个世界上，我们生存的许多条件都是植物提供的。

比如植物主要吸收二氧化碳和阳光，并同时释放氧气。动物需要吸收氧气且释放二氧化碳。

这样动植物之间就形成了协同互补的生态关系和彼此促进的进化关系。

又比如，植物产生果实、蔬菜、种子供人类和其他动物食用。

由于有了植物，人类社会才走向了农耕文明。

农耕文明大大优于游牧文明，促进了人口的增长和社会的进步。但随着人口增加，自然灾害频繁发生，农业产品供不应求，饥荒也随之来临。

为了增加粮食和其他农产品的产量，全世界涌现出许多“追逐太阳”的育种学家。

因为，植物是依靠阳光而生长的。为了提高植物的光合效率，他们进行了不懈的奋斗，培育了许许多多的植物品种。

其中，中国杂交水稻之父袁隆平爷爷就是其中一位。

他通过杂交育种使得我国水稻亩产量由原先的每亩 200 多千克提高到了每亩 1000 千克以上，这一成就长期位居世界前列，为我国乃至全球的粮食安全做出了巨大贡献。

小麦是我国产量排名世界第一的粮食作物。

我国小麦品种全部为国产自育，平均单产比美国、加拿大、澳大利亚、俄罗斯等小麦出口大国高 70% 左右，比同属一年两熟种植制度的印度小麦单产高 60% 左右，成为我国育种界的又一骄傲。

那么农业育种科学家是如何按照自己的目标来培育新种子的呢？

首先，科学家采用了选择育种的方法。这个方法简单，我们的祖先很早以前就已经掌握了。

比如，我国一万多年前的炭化水稻，就是利用当时品种在繁殖过程中的自然变异，再从中选择出我们需要的植物性状，比如产量高、好吃、颜色好看等，并保留下来种植繁衍。

其次，袁隆平爷爷的杂交水稻育种技术也是育种领域的一大突破，它成功地将杂交育种原理应用于水稻。

它利用品种或亚种之间的各自优势，通过人工杂交，创造出变异性状，然后选择优良个体，培育出新的亲本，再利用雌雄亲本的各自优势配组杂交，得到优良的种子。

此外，还有物理及化学诱变育种、离体组织培养育种和多倍体育种等高级技术。

除了有性繁殖以外，植物还有无性繁殖。

古人说的“无心插柳柳成荫”就是枝条扦插技术的生动写照。此外还有球茎、鳞茎、块根和块茎繁殖技术，比如百合、水仙、马铃薯、红薯就是通过这些方法繁殖的。嫁接、压条繁殖技术、组织培养技术等这些办法也极大地拓展了种子的繁殖途径，满足了人类需求。

目前的两大现代育种技术——基因编辑育种和转基因育种技术，就如同生物界的加减法。

基因编辑育种是做减法。

主要是对作物自身的基因进行精准改造，或去掉植物基因链上个别或几个我们不太需要的冗余基因，得到人类想要的农作物新品种。

虽然基因编辑育种只是做减法，但是这需要很高的理论知识和动手能力，是农业领域的高新技术。

目前我国已经构建了水稻、玉米、小麦等基因编辑系统，培育出了高油酸大豆、香味玉米、低镉水稻、抗病小麦等一系列品种，还发明了中国的两大新型编辑工具。

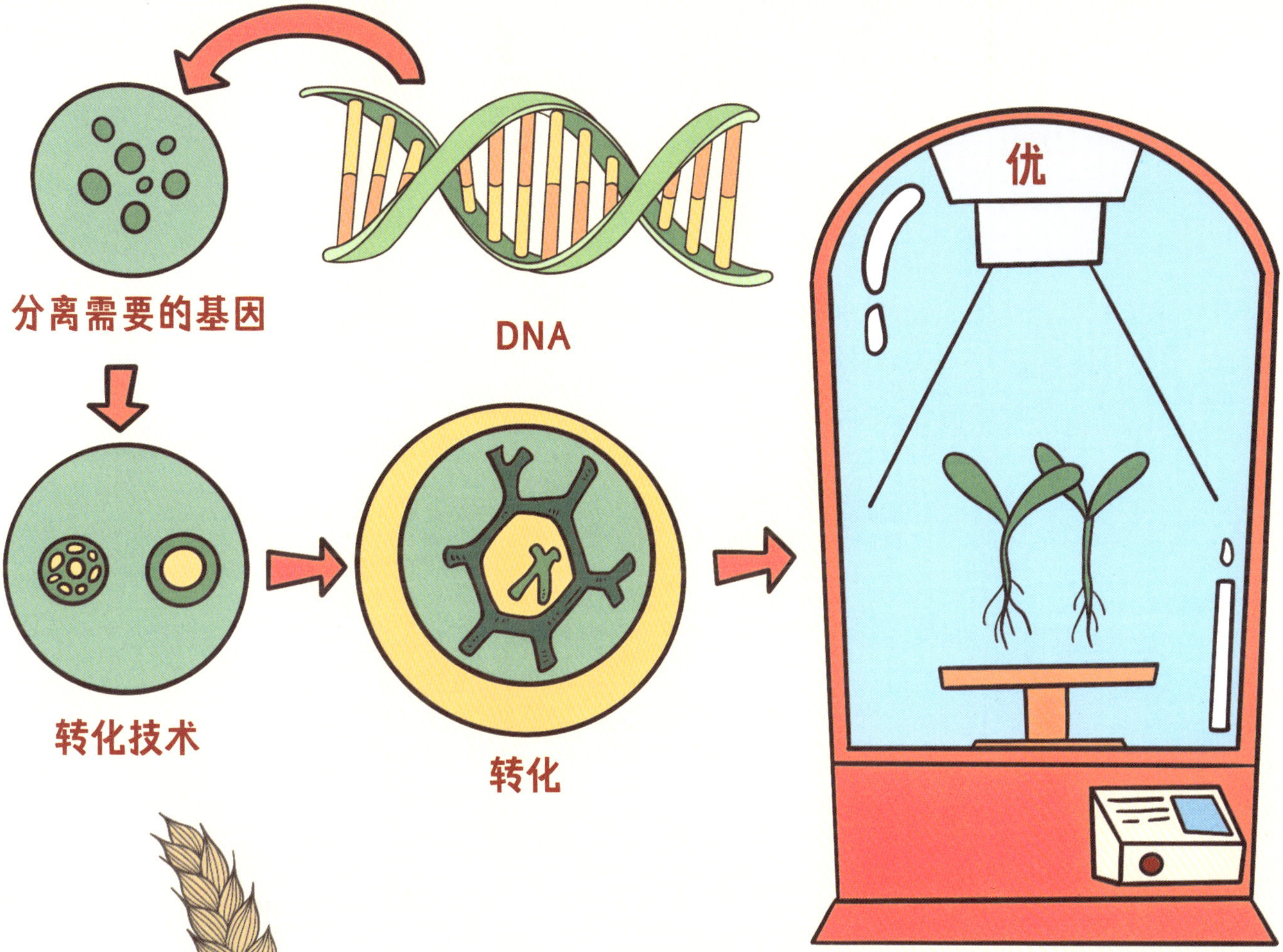

转基因技术则是做加法。

这个加法是将一个生物物种或品种的某个我们所需要的基因分离出来，在实验室里对其进行科学修饰、加工、组装以及功能验证。达到我们的要求后，借助基因枪、农杆菌等转化技术，将其转入另一个生物物种或品种的基因组中，使其稳定遗传，从而获得被转入基因赋予的优异性状的技术。

比如我们把抗干旱的基因转入水稻后，就能够大大减少对气候和降雨的依赖；把抗棉铃虫的基因转入高产、优质、颜色各异的棉花品种之后，棉花就不用打农药来对抗棉铃虫了；种植出来的棉花本身就带有五颜六色，我们的衣裳就不用染色了；这样既节约了劳动力，减少了农药的使用，又减少了环境污染。

中国的育种学家已经实现了这些技术。

小朋友们如果努力不断创新，将来会做出更多、更新的成果。

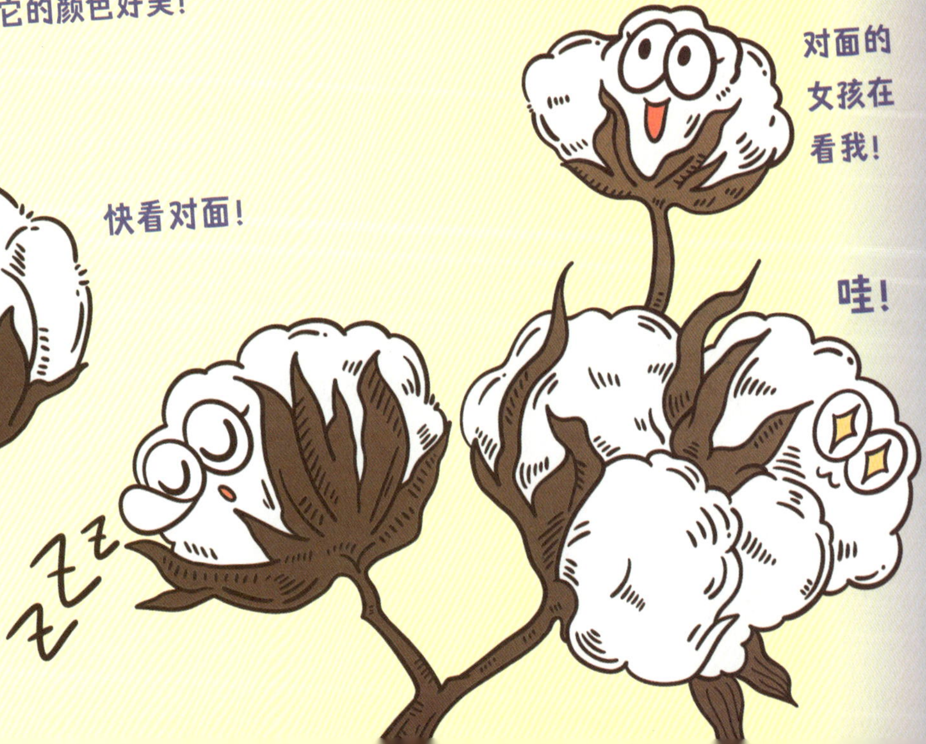

人类可以利用种子改变世界。

近期我们想探索火星，移居火星，甚至还想跑到太阳系以外去生活。

但是如果没有植物我们能够在火星上长期生活吗?

这个问题的答案是肯定不能。

因为没有植物制造大量的氧气和食物，我们就难以生存。

要离开地球到其他星球生活，我们就得带上植物种子以及小动物。因为人类与它们是协同进化的共生关系。

要在地球上更好地生活，我们也必须更好地利用和改变种子，使它们为人类服务。

因此，许多科学家正在积极探索种质资源的基本信息、研究种子培育和保存技术等。

目前人类正在利用人工智能技术协助育种。比如基因编辑和人工智能技术育种，这两项技术的融合能大大降低作物育种成本。

人工智能技术能够大大提高信息处理能力和工作效率，帮助育种工作者甄别、归类、储存和加工种质资源信息等。

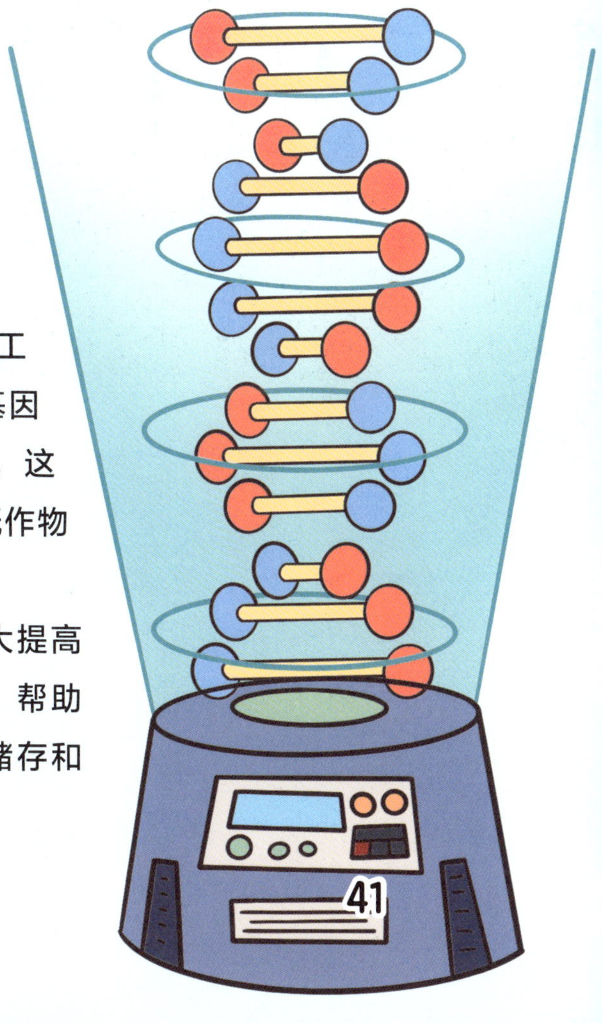

在育种技术上，我们除了有选择育种、杂交育种、诱变育种、单倍体育种、多倍体育种、基因组育种等方法外，还有太空育种等多种手段。

太空育种是指把种子送到太空，远离地球，在太空中处于独特的环境中，如微重力、空间辐射、超真空和超净环境等，这些因素对作物种子的生理和遗传性状具有强烈的影响，促发种子产生变异，可以选育出新品种。

目前我们的育种工作主要是针对现有的品种进行改造。

未来，我们的育种工作可能更多地采用主动编辑基因密码的方式来获取新的植物种子。

在种子保存上，也会从目前的种植保存、储存保存、离体保存发展到信息保存，为我们向遥远的太空出发做准备。

小朋友们，你们准备好参与种子的改良，并利用种子的力量来改变我们未来的世界了吗？

这是一个充满无限可能的时代。

历史上 10 位著名的育种学家

格雷戈尔·约翰·孟德尔

现代遗传学之父。他通过豌豆实验，发现了遗传学三大基本规律中的两个，分别为分离规律及自由组合规律。他的重大科研成果为遗传学的诞生和发展奠定了坚实的基础。

托马斯·亨特·摩尔根

现代遗传学之父，利用果蝇进行遗传学研究，发现了染色体是基因的载体，确立了伴性遗传规律；他还发现位于同一染色体上的基因之间的连锁、交换和不分开等现象，建立了遗传学的第三定律——连锁交换定律。

赫尔曼·约瑟夫·缪勒

美国遗传学家。缪勒是辐射遗传学的创始人，首次证实 X 射线在诱发突变中的作用，搞清了诱变剂剂量与突变率的关系，为诱变育种奠定了理论基础，并因此荣获 1946 年诺贝尔生理学或医学奖。

荣廷昭

玉米遗传育种学专家，设计并成功实施了玉米自交系、杂交种选育与群体遗传组成研究、群体改良同步进行的育种新方法。

李振声

中国小麦远缘杂交育种奠基人，中国小麦远缘杂交之父，系统研究了小麦与偃麦草远缘杂交，并育成了“小偃”系列品种。

袁隆平

杂交水稻之父，致力于杂交水稻技术的研究、应用与推广，发明“三系法”籼型杂交水稻，成功研究出“两系法”杂交水稻，创建了超级杂交稻技术体系。运用超级杂交稻的技术成果，提出并实施“种三产四”丰产工程。

谈家桢

中国现代遗传学的奠基者。20 世纪 50 年代，他于复旦大学创建了中国第一个遗传学专业、第一个遗传学研究所以及第一个生命科学学院，被誉为“中国的摩尔根”，发现了瓢虫色斑遗传的镶嵌显性现象。

丁颖

中国现代稻作科学主要奠基人，提出了我国是水稻起源中心之一；将中国稻作区域划分为地域分明、种性清楚的 6 个稻作带；选育水稻优良品种 60 多个，育成的“中山 1 号”极大提高了我国的粮食产量。

官春云

油菜遗传育种和栽培专家，提出油菜光温生态的四种类型和油菜“冬发”栽培理论及技术体系，研制出油菜化学杀雄利用杂种优势新技术，提出油菜冬发栽培理论和技术体系，培育了 20 个优质油菜品种。

侯锋

蔬菜育种专家，系统地开展了黄瓜杂种优势研究，建立黄瓜自交系选育方法和程序，育成一批经济性状优良、配合力强的自交系。

如何成为一名育种学家？

1

明白种子和种子培育的意义，树立为造福人民而育种的远大理想。比如袁隆平爷爷的毕生梦想就是消除人类的饥饿。

2

学好农业基础科学知识，特别是育种知识和技术，站在巨人的肩膀上攀登。

3

培育自己吃苦耐劳的坚毅品质。在逐梦路上百折不挠，矢志不移。

4

善于团队协作，多与同行高手交流，形成创新思维，把握突破机遇。

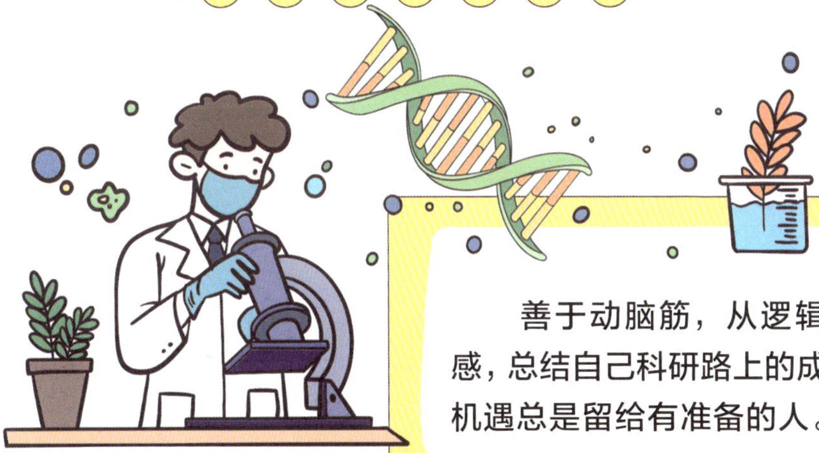

5

善于动脑筋，从逻辑和经验中寻找灵感，总结自己科研路上的成功与失败的经验。机遇总是留给有准备的人。

6

袁隆平的“八字成功公式”：

成功 = 知识 + 汗水 + 灵感 + 机遇

后记

在这个日新月异的科技时代，每一刻都充满了惊喜与挑战。小朋友们是未来的主人翁，他们充满了对这个世界的好奇心与探索欲。引导小朋友们正确认识科技、理解科技，激发他们对科学的热爱与追求，我们责无旁贷。

正是基于这样的考虑，我欣然接受了湖南科学技术出版社与我的老朋友——《中国日报》张周项记者的邀请，为《我是未来科学家》系列绘本担任主编。作为《第一推动丛书》的出版者，湖南科学技术出版社在我国科普界具有崇高的声誉。希望我们这套绘本，也能配得上这份历史性的声誉，甚至对它有所增益。

我为这套绘本做的第一件事，是跟邹莉编辑与张周项记者等人商定10个前沿领域主题。太空探索、人工智能、基因编辑、新能源、脑科学、芯片、种子……都是引人入胜而且对现实十分重要的新兴科技。当然，还有我最熟悉的量子信息。

我为这套绘本做的第二件事，是努力为本系列的各个主题邀请到相应领域的资深专家执笔。

例如复旦大学生命科学学院退休教授顾凡及先生，是我十分尊敬的科研界与科普界老前辈。他在退休后做了大量的脑科学科普，而且从不人云亦云，对许多热门消息发表过冷思考，如欧盟的人脑计划与马斯克的神经联结公司。最有趣的是，他的这些冷思考多次得到事实的验证。因此由他来担纲解读脑机接口，在质量上就有天然的保证。

又如我的中国科学技术大学师弟——中国科学院国家空间科学中心研究员周炳红博士，他是真正的航天专家，尤其是在火箭推进剂方面。他关于推进剂在失重条件下流动性的研究，对“长征五号”复飞有重要贡献。他和李明涛等同事还研究小行星防御，提出了“以石击石”的新型战略，引起国内外很多媒体的轰动。与此同时，周炳红老师也十分热爱科普，入选了“中国航天科普大使”。实际上，他的科普工作从一开始就是跟我一块做的。由他来解读太空探索，自然再合适不过。

由于篇幅关系，无法在这里对每一位作者都做详细的介绍。但我们可以确定，每一位作者在相应的领域都是响当当的专家。这是我们这套绘本最大的底气所在，是值得向所有人推荐的。

我为这套绘本做的第三件事，是自己作为作者，撰写量子科技分册。在此，我要特别感谢张周项记者，他不但自告奋勇地担任了这套绘本的执行主编，还组织了一支优秀的插画团队。书中的插图既准确又生动，表明他们确实下了很大的工夫来理解量子信息这样深奥的科技，令人十分动容！

每一个领域的专家，其实都能够下笔万言。但为了让小朋友轻松阅读、高效吸收，我们精心将每册内容凝练至适宜篇幅，并融入大量生动有趣的插图。此外，每一册最后都会列出九至十位在此领域做出重要贡献的科学家，还有一个问答：如果你想成为这个领域的科学家，你该怎么办？希望这些编排，能够激发更多小朋友对科技的热情。

《我是未来科学家》系列绘本，是我们为小朋友精心准备的一份礼物。希望通过这套绘本的陪伴与引导，小朋友们能够更加勇敢地面对未知，更加积极地探索世界，成为未来科技的引领者与创造者。让我们一起点亮未来之光，探索科技的无限可能吧！

袁岚峰

图书在版编目（CIP）数据

我是未来科学家. 改变世界的种子 / 袁岚峰主编 ；姚季伦著. -- 长沙 : 湖南科学技术出版社，2024. 12.

ISBN 978-7-5710-3311-8

Ⅰ. Z228.1；S-49

中国国家版本馆 CIP 数据核字第 2024712PE4 号

WO SHI WEILAI KEXUEJIA GAIBIAN SHIJIE DE ZHONGZI

我是未来科学家 改变世界的种子

主　　编：袁岚峰

执行主编：张周项

著　　者：姚季伦

绘　　者：大　鱼

出 版 人：潘晓山

责任编辑：邹　莉　刘羽洁

出版发行：湖南科学技术出版社

社　　址：长沙市芙蓉中路一段 416 号泊富国际金融中心

网　　址：http://www.hnstp.com

湖南科学技术出版社天猫旗舰店网址：

http://hnkjcbs.tmall.com

邮购联系：本社直销科 0731-84375808

印　　刷：长沙市雅高彩印有限公司

（印装质量问题请直接与本厂联系）

厂　　址：长沙市开福区中青路 1225 号

邮　　编：410153

版　　次：2024 年 12 月第 1 版

印　　次：2024 年 12 月第 1 次印刷

开　　本：889 mm×1230 mm　1/16

印　　张：3.25

字　　数：23 千字

书　　号：ISBN 978-7-5710-3311-8

定　　价：35.00 元